यथार्थ दर्शन
जीवन के यथार्थ स्वरूप की काव्य अभिव्यक्ति

OrangeBooks Publication

Smriti Nagar, Bhilai, Chhattisgarh - 490020

Website: **www.orangebooks.in**

© Copyright, 2022, Author

All rights reserved. No part of this book may be reproduced, stored in a retrieval system, or transmitted, in any form by any means, electronic, mechanical, magnetic, optical, chemical, manual, photocopying, recording or otherwise, without the prior written consent of its writer.

First Edition, 2022

जीवन के यथार्थ स्वरूप की काव्य अभिव्यक्ति

यथार्थ दर्शन

काव्य-सर्जक

अच्युत स्वरुप मिश्र

OrangeBooks Publication

www.orangebooks.in

समंदरों से दोस्ती तुम्हे कहाँ रास आएगी

तुम "तुम" बनकर मिलोगे और "मैं" हो जाओगे

- अच्युत स्वरुप मिश्र

परब्रह्म परमेश्वर भगवान श्री हरि

परम पूज्य पिताश्री स्व. प्रो (डॉ) बीरेंद्र कुमार मिश्र

एवं

माता श्रीमती आशा मिश्र के चरण कमलों में सादर समर्पित।

“यथार्थ दर्शन”

“यथार्थ दर्शन” मेरी स्वरचित कविताओं का एक संग्रह है । ये मुख्यतः जीवन , राष्ट्र और परमात्मा के यथार्थ का ही एक पद्य रूप में दर्शन है।

अद्वितीय सौंदर्य से अलंकृत सष्टि के रचयिता साक्षात परब्रह्म परमेश्वर हैं , जो सर्वदा एक प्रेरणा स्रोत बन कर हमारे हृदय में वास करते हैं । यही प्रेरणा नकारात्मक परिस्थितियों में हमें ऊर्जा प्रदान करता है जिसके फलस्वरूप नकारात्मकता के अंधकार में सकारात्मकता का दीप प्रज्वलित होता है । यथार्थ दर्शन की पहली कविता प्रार्थना स्वरूप "हे उत्पलक्ष हे गुणाकार" परब्रह्म परमेश्वर भगवान श्री हरि विष्णु के श्री चरणों में समर्पित है। विपरीत परिस्थितियों में घबराना कैसा जब परिस्थितियां भी प्रभु की , दंड भी प्रभु का , शिक्षा भी प्रभु की , अनुभव भी प्रभु का , सफर भी प्रभु का , मंजिल भी प्रभु की , अवरोध भी प्रभु का, सहायता भी प्रभु की , प्रश्न भी प्रभु का , उत्तर भी प्रभु के , संपूर्ण प्रकृति प्रभु की और हम भी तो प्रभु के । यथार्थ दर्शन की कुछ रचनाएं परमात्मा और मां शक्ति को समर्पित हैं । यथार्थ दर्शन की दो कविताएं "हज़ारीबाग हूं मैं " और "बागों का शहर - हज़ारीबाग " पृथ्वी पर स्थित झारखण्ड राज्य के हज़ारीबाग शहर को समर्पित है जहां का मैं रहने वाला हूँ।

रिश्ता एक अनमोल कल्पवृक्ष है जो अगर प्रेम और विश्वास रूपी जल से सींचा जाए तभी फलीभूत होता है, चाहे वह मित्रता का हो चाहे पारिवारिक सम्बन्धो का । दुर्भाग्यशाली हैं वह लोग जो प्रपंच, छल और स्वार्थ सन्निहित होकर इसकी गरिमा को कलंकित करते हैं और स्वयं को अत्यंत बुद्धिमान समझते हैं। जिह्वा परम शक्तिशाली है जो क्षण मात्र में व्यक्ति के अंतर्मन में छुपे विष अथवा अमृत को उजागर करते हुए उसके वास्तविक चरित्र का अनावरण कर सकता है। यह पूर्णतः मनुष्य पर निर्भर करता है कि वह मणि बनकर शीश मुकुट में सुशोभित होना चाहता है या पाषाण बनकर पैरों की ठोकर खाना। मन अगर दूषित हो तो भावनाएं प्रदूषित होती हैं, भावनाएं प्रदूषित हो जाए जो विचारधारा प्रदूषित होती है, विचारधारा के प्रदूषित होने पर वाणी प्रदूषित हो जाती है, वाणी के प्रदूषित होने पर व्यक्तित्व का ह्रास हो जाता है और अंततः मनुष्य का सर्वनाश हो जाता है। जिस क्षण एक व्यक्ति किसी दूसरे व्यक्ति को गिराने के लिए गड्ढा खोद रहा होता है परमात्मा उसी क्षण उस व्यक्ति के लिए भी एक गहरी खाई की व्यवस्था कर रहे होते हैं। उसने जिसे गिराने का प्रयास किया उसे तो परमात्मा संभाल लेंगे मगर जिस क्षण वह दूसरा व्यक्ति गहरी खाई में गिरेगा उसके पास ना उड़ने के लिए पंख होंगे ना थामने के लिए कोई हाथ। मनुष्य के लिए सत्कर्म करना ही एकमात्र विकल्प है, क्योंकि यह कर्म ही है जो मृत्यु तक मनुष्य का पीछा नहीं छोड़ता। यथार्थ दर्शन में मेरी कुछ रचनाएं आज के वर्तमान परिदृश्य में जलन, द्वेष एवं स्वार्थवश उत्पन्न हो रहे संबंधों में दरार तथा मानव मूल्यों के ह्रास को भी परिलक्षित करता है।

क्षणिक कृत्रिम श्रृंगार का आवरण रखने से बेहतर है चरित्र के उपवन में पवित्रता का प्रसून सर्वदा सुवासित रखें, यही वास्तविक श्रृंगार है जिसके फलस्वरूप मनुष्य के व्यक्तित्व की आभा दीप्तिमान एवं अनंत काल तक

अनुसरणीय बनी रहती है । यथार्थ दर्शन की रचनाएं सकारात्मक विचारधारा के साथ जीवन जीने एवं प्रचुर ऊर्जा से ओत-प्रोत होकर सफलता के उच्चतम शिखर पर विजय ध्वजा लहराने के लिए भी प्रेरित करता है । सकारात्मक और सृजनात्मक विचारधारा ही व्यक्तित्व को आदर्श और जीवन को सफल बनाते हैं, अनंत विकल्पों से अलंकृत यह जीवन जीने के लिए है काटने के लिए नहीं । यथार्थ दर्शन यह भी सन्देश देता है की मनुष्य के लिए मंतव्य तथा आलोचनात्मक टिप्पणी प्रस्तुत करने से बेहतर है वह पहले स्वयं एक उदाहरण बने ताकि जब-जब प्रेरणादायक कथाओं का कथन हो उसका संदर्भ प्रथम हो । आडंबर वहीं है जहां असत्य , कृत्रिमता और पाखंड विद्यमान हो । सत्य तो स्वयं ही परम शाश्वत चित्ताकर्षक है जहां विनम्रता, सहजता तथा वास्तविकता का वास होता है। अपरिमित सदाचरण और प्रयास के पश्चात भी व्यक्ति अपने उस छवि को नहीं बदल सकता है जो किसी ने ईर्ष्यावश उसके लिए अपने अंतःकरण में बना रखा है, इसलिए निरर्थक प्रयास करना उचित नहीं है । उन्नति के पथ पर अग्रसर रहते हुए सर्वोच्च शिखर पर विजय-ध्वजा लहराने की आकांक्षा रखना ही आदर्श जीवन का मूल मंत्र और मनुष्य के लिए श्रेयस्कर है , छवि स्वयं परिवर्तित हो जाएगी। यथार्थ दर्शन की कविताओं में आदर्श जीवन के मंत्र भी सन्निहित हैं , जो मानवजाति को यह सन्देश देते हैं कि इच्छा शक्ति ही वह सेतु है जो असफलता के अंधकार को सफलता के प्रकाश कुंज से जोड़ती है, अगर यहां सेतु दृढ़ संकल्प , समर्पण भाव एवं सकारात्मक विचारधारा से निर्मित हो तो निराशा के पाषाण भी पैरों तले मार्ग प्रशस्त करेंगे इसमें कोई संशय नहीं है ।

अच्युत स्वरूप मिश्र

अनुक्रमणिका

हे उत्पलक्ष हे गुणाकार 1

संकल्प 3

अखंड भारत 5

मंगल गान 7

कोरोना से साक्षात्कार 9

बढ़े चलो मंजिल की ओर 13

हे कृष्ण 17

आह्वान 19

एकता 21

हजारीबाग हूं मैं 23

स्वार्थी 27

बागों का शहर - हज़ारीबाग 31

हक़ीकत 35

आज मैं बहुत परेशान हूं 39

जिंदगी में एक शाम जरूरी है 41

प्रभु-वंदन 45

ख्वाहिश 47

गुफ़्तगू 51

मैं गीत नया बन जाता हूं 53

जिंदगी और मैं 55

मोदी जी की बात सही है 59

वेदना 63

गीत

मैया मेरी अब झोली भर दे 67

हम रुकेंगे अब तो नहीं 71

हम हैं भारत के बच्चे 75

है हमें विश्वास हम तो कर दिखायेंगे 79

जीवन के यथार्थ स्वरूप की काव्य अभिव्यक्ति

यथार्थ दर्शन

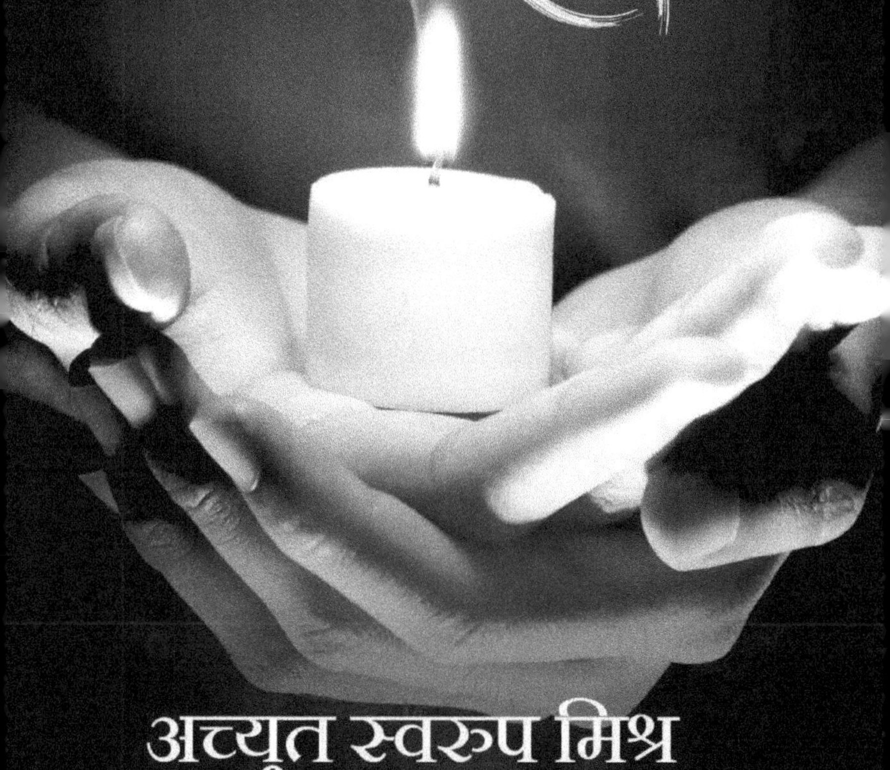

अच्युत स्वरुप मिश्र

हे उत्पलक्ष हे गुणाकार

जब उग्र विलोचन लिए यामिनी आयी तमस विकराल लिए
विकट अलक मदमय आनन अट्टाहस पूर्ण कराल लिए,
जब सकल सृष्टि ने परमपिता परमेश्वर का आह्वान किया
एक श्वेत प्रज्वलित लघु विधु ने अंधकार का दमन किया

नभ के आभूषण तारे भी पुरजोर खड़े रणघोर किये
तम हुआ पराजित मार्तण्ड फिर प्रकट हुए और भोर किये,
सम्पूर्ण जगत का परम सत्य जन-जन के जीवन का आधार
स्वीकार करें शत बार नमन हे उत्पलक्ष हे गुणाकार ॥

संकल्प

हो रहा अस्त आदित्य पुनः नव दीप्त सवेरा लाने को
हो मार्ग प्रशस्त हे वीर पथिक उत्तुंग शिखर तक जाने को

चल पड़ बढ़ अब ना रुके कदम ,ये दुनिया को दिखलाना है
कतरा कतरा तिनका- तिनका से बाट जोड़ते जाना है ,
निर्माण पुनः हो दिव्य सेतु सागर को जद् में लाने को
हो मार्ग प्रशस्त हे वीर पथिक उत्तुंग शिखर तक जाने को

त्यज सुख तमाम तू आज पुनः एक नया सवेरा लाना है
प्रस्थान करो वन वीर राम , तुम्हे श्रीराम कहलाना है..
कर तप कठिन हे तपी ताप से पर्वत को पिघलाने को
हो मार्ग प्रशस्त हे वीर पथिक उत्तुंग शिखर तक जाने को

है पहर यही हे वीर तुम्हे अब ऐसा कर दिखलाना है
बनके अजेय स्वर्णिम क्षितिज पर विजय ध्वजा फहराना है
हुंकार करो नभ पार करो, नयी परिभाषा बन जाने को
हो मार्ग प्रशस्त हे वीर पथिक उत्तुंग शिखर तक जाने को
हो मार्ग प्रशस्त हे वीर पथिक उत्तुंग शिखर तक जाने को ॥

अखंड भारत

प्रतिस्पर्धा के इस युग में अलग-अलग सी बातें हैं
दिखता है नयनों को दिनकर पर अंधियारे रातें हैं
इन अँधेरी छटा को भेदे हर वीर यहां वो दक्ष होगा
राष्ट्र का अनवरत विकास ही हमारा लक्ष्य होगा

देखो छायी ये कैसी अम्बर पे छटा निराली है
भारत भूमि के दीप्ति की फैली हर सू लाली है
नज़र उठा के देख सके इस ओर कहाँ वो अक्ष होगा
राष्ट्र का अनवरत विकास ही हमारा लक्ष्य होगा

नमन है शत-शत उन चरणों में जिनकी कृपा बनी हम पर
हम बढ़ते ही जाते हैं अब उन्नत प्रशस्त प्रगति पथ पर
दिन वो दूर नहीं जब हिमकर पे अपना ही कक्ष होगा
राष्ट्र का अनवरत विकास ही हमारा लक्ष्य होगा

धन्य है यहाँ जो हमें वैष्णवी माता ने स्थान दिया
श्री राम-कृष्ण ने इस पावन धरती को सम्मान दिया
हनुमान खड़े हों हरा सके फिर कहाँ वो दूजा पक्ष होगा
राष्ट्र का अनवरत विकास ही हमारा लक्ष्य होगा ॥

मंगल गान

नवकिरण क्षितिज नवदीप लिए नव उषा सुमंगल गान करे
अम्बर से फिर ध्रुवराज सोम शुभ रसानंद संधान करे
हर क्षण वसंत हर वर्ष सुधा की वृष्टि से प्रफुल्लित हो
हर दिवस सुमंगल हर्षित हो, हर दिवस सुमंगल हर्षित हो

हे उत्प्रेरण हे परम श्रोत, हे तमस वीर हे दिव्य ज्योत
अद्भुत करुणा से जनमानस को, है किया सर्वदा ओत प्रोत
सकल सृष्टि से स्नेह पूर्ण कली पुष्प सर्वदा अर्पित हो
हर दिवस सुमंगल हर्षित हो ,हर दिवस सुमंगल हर्षित हो

उन्नत रहे व्यक्तित्व तुम्हारा विजयश्री थामे हाथ रहे
जीवन के हर विषम मोड़ पर आत्मबल का साथ रहे
परमपिता के परमकृपा से जीवन सुफलित सुफूलित हो
हर दिवस सुमंगल हर्षित हो हर दिवस सुमंगल हर्षित हो

हे महापुरुष हे शूरवीर है सदा तुम्हारा अभिनन्दन
हम सब हैं करबद्ध खड़े स्वीकार करो शत बार नमन
प्रसन्नता का भण्डार मिले कभी नैन न अश्रुपूरित हो
हर दिवस सुमंगल हर्षित हो हर दिवस सुमंगल हर्षित हो ॥

कोरोना से साक्षात्कार

अजीब सी जिंदगी है अजीब से फसाने हैं
ना सुबह का पता कोई, ना रात के बहाने हैं

सबकी जिंदगी में कोरोना कुछ इस कदर आया
जिंदगी का असली मतलब हम सब को बतलाया

वह मायने जिंदगी के जो हम कभी भूल गए थे
सारे रिश्ते नाते को पैसों में वसूल गए थे

एक कोरोना की दस्तक से भूले रिश्ते भी पास आ गए
सात समंदर से परिंदे अपने आंगन, अपने घर आ गए

जिंदगी में पहली दफा ऐसा मंजर देखा है
मौत सर पर है और हाथ में खंजर देखा है

गांव-गांव शहर-शहर गली-गली सुनसान है
आजाद उड़ रहे परिंदे, कैद में हर इंसान हैं

किसने सोचा था यह साल दिन ऐसा भी दिखलाएगा
जिंदगी जीने का सलीका, इस कदर सिखलाएगा

मगन हवाएं ताजी ताजी चल रही है चारों ओर
गंगा-यमुना निर्मल होकर बह रही है चारों ओर

पुनर्जन्म प्रकृति लिए मुस्कान बिखेरे चारों ओर
उदय हुआ नवदीप्त सवेरा दिखा हिमालय चारों ओर

जलवायु पावन तो हुई पर लुटे न जाने कितने घर
कोरोना तेरे प्रलय वेग ने बोला बहुत ही सर चढ़कर

कितनी मणियाँ लूट गई कितने आंगन सुनसान हुए
पल भर में जाने कितने, गाँव-शहर शमशान हुए

हम थे वह इंसान सदा जो प्रेम प्रदीप जलाते थे
दो पल की ही भेंट सभी को अपने गले लगाते थे

मानवता के हर रिश्ते को पल में चकनाचूर किया
कोरोना तूने इंसान को इंसान से कितना दूर किया

माना तूने इंसान को जीने का सार बताया है
मगर स्वार्थी, हे पापी तू महंगी कीमत पाया है

गला घोट कर मानवता का कैसा तूने पाप किया
बोल रे पापी बोल क्यों तूने वसुधा को बर्बाद किया

कान खोल कर सुन ले तू भी आह नहीं भरेंगे हम
समर जो तू ने छेड़ा पापी समाप्त इसे करेंगे हम

विध्वंस करेंगे तेरा करके विजय दीप जलायेंगे
मानवता के हृदय कुञ्ज में , पुनः प्रेम उपजायँगे

समय हो चला दानव को इस मिट्टी में दफनाने का
नया सवेरा लाने का फिर, मिलकर जश्न मनाने का

आह्वान करो हे श्रेष्ठ, सुसुप्त शक्ति को जगाओ तुम
हे वीर राम , हनुमान पुनः , इतिहास को दोहराओ तुम

ले उठा खड्ग फिर दिव्य पुनः, हे भारत! तुम प्रहार करो
हुंकार करो हे वीर! तिरंगा हाथ लिए यलगार करो

हे वीर विलक्षण बुद्धि से, संजीवनी का आह्वान करो
तुम दमन दनुज का करो पुनः मानवता का कल्याण करो ॥

बढ़े चलो मंजिल की ओर

जीवन का मोह त्याग मनुज
तू बढ़ा कदम मंजिल ओर
कर सिंघनाद तू आज रे ऐसा
फट पड़े पर्वत का जोड़

बढ़े चलो मंजिल की ओर

तू चल ऐसा की पृथ्वी कांपे
परछाई तेरी सूरज को ढांके
हो आत्मबल रे ऐसा तुझमे
कर दे अँधेरा को भोर

बढ़े चलो मंजिल की ओर

तू देख जरा के कौन है तू
फिर क्यों आखिर यूँ मौन है तू
ले उठा खड्ग कर शंखनाद
तू आज लगा दे पूरा जोर
बढे चलो मंजिल की ओर

मानव है सृष्टि का श्रृंगार तू
सुन जरा आत्मा की पुकार तू
धरती बिलख रही करुणा से
चूका दे अब मिटटी का मोल

बढे चलो मंजिल की ओर

पतझड़ भुला दे है वो बहार तू
प्रचंड गांडीव की है टंकार तू
तू गरज बरस हिल पड़े धरा
बौना कर दे सिंधु का शोर

बढ़े चलो मंजिल की ओर
बढ़े चलो मंजिल की ओर

"व्यक्तित्व का अस्तित्व सुरक्षित रखने के लिए व्यवहार में विनम्रता अत्यावश्यक है अन्यथा व्यक्ति की हालत जमीन की धूल चाटने वाले उस सूखे दरख़्त की तरह हो जाती है जिसने कभी अपने खोखले वजूद के गुमां में तूफानों से टकराने का भूल किया था।"

हे कृष्ण

मगन तुम्हारे बंसी के सुर सरिता में स्नान करूँ
विनय मेरी हे कृष्ण तुम्हारे भक्ति रास का पान करूँ
धरा तुम्हारी गगन तुम्हारा, कण-कण के तुम प्राण पति
सब कुछ तो है तेरा गिरिधर, मै काहे का मान करूँ

बढ़ा पाप जो वसुंधरा पर स्मरण मात्र से आये थे
ले उठा सुदर्शन माधव तुमने दानव मार गिराए थे
आपकी करुणा दयाभाव को नमन मै बारम्बार करूँ
सब कुछ तो है तेरा गिरिधर मै काहे का मान करूँ ॥

आह्वान

करबद्ध खड़े प्रभु अरज हमारी , स्वीकार करो स्वीकार करो
मंझधार खड़ी है अपनी नैया , पार करो प्रभु पार करो

कैसा संकट हे भगवन ! ये भूमण्डल पर छाया है ,
रक्त पिपासु अभिमानी एक दैत्य कहीं से आया है
दमन दनुज का करो , पुनः सुदर्शन का संधान करो
ले उठा गोवर्धन गिरिधारी , उद्धार करो उद्धार करो ॥

एकता

अश्रुपूरित नयन उपस्थित , विदीर्ण ह्रदय दिन रात है
रक्त-रंजित ईला भारती , यह कैसा आघात है
गाँधी - भगत-पटेल की भूमि , यूँ नहीं और कलंकित करो
द्वेष खड्ग का त्याग करो तुम प्रेम दीप प्रज्जवलित करो

नवकिरण सुसज्जित पुनः हमें नव उषा सुमंगल लाना है
हिन्दू-मुस्लिम-सिख-ईसा को मिलकर देश बढ़ाना है
परिभाषित हो पुनः एकता , हम सबका अभिमान बढ़े
विश्व पटल पर अतुल अनुपम , अपने भारत का मान बढ़े ॥

हजारीबाग हूं मैं

चंद्रमा की शीतलता, सूर्य का ताप हूं मैं
हजारीबाग हूं मैं

जिंदगी जहां खुशियों में पलती है
हसीन सुबह और शाम के संग ढलती है
उन खुशियों का पारावार हूं मैं
हजारीबाग हूँ मैं

एकता जहां मानवता की पहचान है
एक साथ खड़े आरती और आज़ान है
सौहार्द हूं प्रेम की आवाज हूं मैं
हजारीबाग हूँ मैं

परतंत्र मातृभूमि को बिलखते देखा है
नयी सुबह देखी है तिरंगे में संवरते देखा है
बदलते नवयुग की आवाज हूं मैं
हजारीबाग हूँ मैं

वीरों की शहादत देखी है लहू का रंग देखा है
आज़ाद-ए-हिंद की खातिर मैदान-ए-जंग देखा है
बापू का सत्याग्रह तो कहीं बोस की दहाड़ हूँ मैं
हजारीबाग हूँ मैं

जन्नत की रंगत है, सितारे उतार रखे हैं
झील-झरने-पहाड़ों के नजारे हज़ार रखे हैं
खामोश झील हूं तो कहीं कोनार की धार हूं मैं
हजारीबाग हूँ मैं

प्राथमिकता दो मुझे सब कुछ बाद रखो
बस इतनी सी इल्तज़ा है, मुझको साफ रखो
तुम्हारा अपना हूं, तुम्हारा ही रहूंगा
बीमार हो गया तो फिर किसका रहूँगा
खामोश बैठा वीरान में कभी बहुत रोता हूं
गुटखा थूकते हैं लोग तो मैं आंसुओं से धोता हूं
अपने सीने पर तुम सब का भार उठा रखा है
पर कोई नहीं जिसने मेरा आभार उठा रखा है
बिखरे कूड़े-कचरो से परेशान हो रहा हूँ
विदीर्ण हृदय है मेरा, हैरान हो रहा हूं

काश ! सबके हृदय में दृढ़ संकल्प हो जाए
प्रदूषण मुक्त हो धरा कायाकल्प हो जाए
संभल जाना अब और देर मत करना
मेरी रंगीन फिजाओं को अंधेर मत करना
तुम्हारा हमसफर, तुम्हारा हमराज हूं मैं
हजारीबाग हूं मैं, हजारीबाग हूं मैं ॥

स्वार्थी

हर तरफ रंजिशें और नफरतों का साया है
खुदा आखिर तूने ये कैसा जहां बनाया है

जिंदगी पल-पल कट रही है
सांसों के साथ दिन रात ढल रही है
इस राह चलूँ उस राह चलूँ कशमकश ने भरमाया है
खुदा आखिर तूने ये कैसा जहां बनाया है

संगदिलों की जमात हर मोड़ पर बैठी है
रूह इंसान का जिस्म छोड़ कर बैठी है
कौन अपना है यहां कौन पराया है
खुदा आखिर तूने ये कैसा जहां बनाया है

आबाद है लोग फिर भी तंगी पड़ती है
रिश्ते टूट जाए मगर एक रोटी महंगी पड़ती है
फ़कीरों को अमीर ,अमीरों को फ़कीर बनाया है
खुदा आखिर तूने ये कैसा जहां बनाया है

जरूरत पड़े तो तलवे भी चाट लेते हैं
फिर एक रोज सपोले चुपके से काट लेते हैं
खून के रिश्तो ने ही रिश्तो का खून बहाया है
खुदा आखिर तूने ये कैसा जहां बनाया है

मेरी इल्तजा इतनी मैं अब थक चुका हूं
जिंदा तो हूं फिर भी मर चुका हूं
दर्द दिल में है क्या और बयां करूं
बुझता चिराग हूँ क्या और समां करूँ
लहरों ने संभाला तो मांझी ने गिराया है
वह सफीना हूं जिसे साहिल ने डुबाया है
हुनर बेशुमार थी तजुर्बा बेहतरीन था
फलक का सितारा हूँ गैरों को यकीन था
खता इतनी अपनों पर यकीन कर गया
खुदा यही गुनाह मेरा मुझे यतीम कर गया
थक चुका हूं अब बस सोना चाहता हूं
हाँ कुछ मोती है यादों के जिन्हें पिरोना चाहता हूं,
अलविदा कहता 'अच्युत' आखिर यही लिख पाया है
खुदा तूने आखिर ये कैसा जहां बनाया है ॥

"
शांत चित्त होकर कठिन तपस्या करते रहो, ज्ञान रूपी मणि से विभूषित रहो, प्यासा स्वयं तुम्हारी तलाश में वन-वन भटके उस अमूल्य सरोवर की तरह बनो तभी मूल्यवान रहोगे । जहां अपनी उपलब्धता तुमने सरल कर दी, नि:संदेह सस्ते हो जाओगे स्मरण रखना।
"

बागों का शहर - हज़ारीबाग

स्वर्णिम मौसम रिमझिम बादल स्वर्ण जहां बरसाता है
हरा भरा यह बाग , हजारीबाग शहर कहलाता है

सजी है धरती सजा है आंगन हरे भरे हैं फूल यहां
कनहरी हिल की मस्त फिजाएं कहते आकर झूल यहां
सुनो अनूठा झील एक स्वर्णिम इतिहास बताता है
हरा भरा यह बाग, हजारीबाग शहर कहलाता है

परम पवित्र यह मिट्टी भगवान नरसिंह का स्थान है
नमन करो शत बार यहां बुढ़वा महादेव विराजमान है
महावीर-कालीबाड़ी का पुण्य जहां मिल पाता है,
हरा भरा यह बाग , हजारीबाग शहर कहलाता है

अमन पसंद है लोग यहां सब प्रेमराग ही गाते हैं
हिंदू-मुस्लिम-सिख-ईसाई मिलकर जश्न मनाते हैं
परिंदा भी जहाँ अपने सौभाग्य पर इतराता है
हरा भरा यह बाग , हजारीबाग शहर कहलाता है

इसकी सज धज उत्कृष्ट रहे सर्वोच्च बने संपन्न रहे
शहर हमारा नवभारत का स्वर्णिम अंग अभिन्न रहे
भावुकता में पड़ा 'अच्युत' कुछ और कहां कह पाता है
हरा भरा यह बाग , हजारीबाग शहर कहलाता है ॥

यथार्थ दर्शन

> "व्यर्थ के प्रश्नों का उत्तर देने से बेहतर है,
> स्वयं एक कठिन प्रश्न बनकर संसार को निरुत्तर कर दो"

हक़ीकत

फना हो जाती है जिंदगी मतलब तलाशने में
यह जिंदगी खुशी का सबब है, या गम तराशने में
जन्म लो गोद पाओ फिर सिक्कों की तलाश में भटको
कदम जो साथ ना दे, दो रोटी की तलाश में भटको

रोटी और सिक्कों के खेल में जिंदगी गुजर जाती है
पास कोई हो ना हो यह जिंदगी संवर जाती है
फर्क तो बस इतना है साथ मिला तो खुशी मिली ना मिला तो गम मिला
जिंदगी के जुल्फों में जो कन्घियां चली, ना हुस्न मिली, ना खम मिला

अब तो लगता है कि चलना ही जिंदगी है, मंजिल कुछ भी नहीं
यहां मतलबी जमाना है, हमसफर कोई भी नहीं
सांसों का लेना ही जिंदगी है यही फसाना है
हर राह में पत्थर है हर दर्द में जमाना है

ख्वाहिशें बादशाहत की रखो या फकिरी की
जिंदगी वही देगा जिसके लायक तुम हो
कौन कहता है तुम संगदिल थे इस सदी के नायक तुम हो
अपने ही खंजर लिए तुम्हारे रास्ते पर खड़े मिलेंगे
कत्ल तुम्हारा करेंगे और मैयत पर अजां देंगे
इस दर्द भरी दरिया से निकलना है तो यह जान लो
अपनों पर यकीन करने से बेहतर है नीम के पत्ते खा लो

यहां दरिया भी तेरा कश्ती भी तेरी, मंजिल भी तेरा ख्वाहिश भी तेरी
जिंदगी भी तेरी रात भी तेरा, सहर भी तेरी बात भी तेरा
फिर क्यों इल्जाम दे किसी और को जिंदगी जहन्नुम बनाने के लिए
मोहब्बत का राग यहां कुछ नहीं, नफरतें ही है तरन्नुम बनाने के लिए

दबे पांव से चलो के निशां काम आए
आने वाले पूश्तों को सबब मिले तालीम काम आए
तुम्हारे होने से किसे क्या लेना अगर दिल तेरा बच्चा है
खंजर पीठ में उतारते हैं अपने, यही बात सच्चा है

खुदा दिल तो खिलौना सा दिया ,काश पीठ भी लोहे की दी होती
तो ना खंजर उतरता ना थपथपा हट का एहसास होता
जिंदगी अपने सफीना पर चलती
ना लहरों का इल्म होता, ना परिंदों का एहसान होता

जीवन के यथार्थ स्वरूप की काव्य अभिव्यक्ति

यथार्थ दर्शन

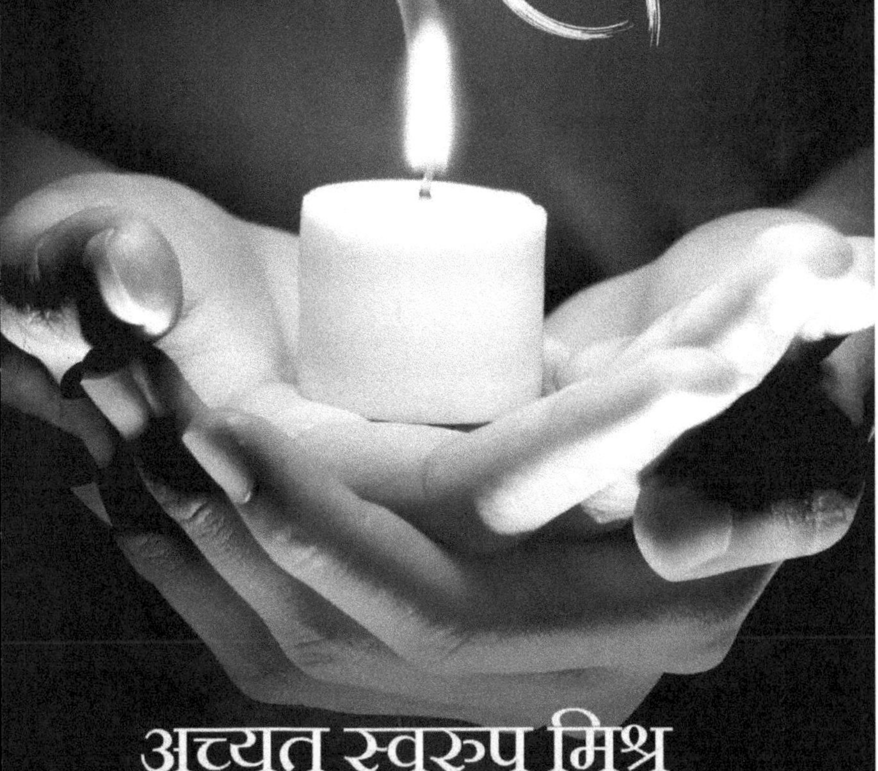

अच्युत स्वरुप मिश्र

आज मैं बहुत परेशान हूं

आंखों में नमी सी है, दिल पर कुछ बोझ सा है
जिंदगी में है तो बहुत कुछ, फिर भी कुछ कम सा है
अपनों को अपनों से बिछड़ता देख कर हैरान हूँ
आज मैं बहुत परेशान हूं, आज मैं बहुत परेशान हूं

यह कैसा गुमान है जो सम्मान खा जाता है
अहंकारी यह दानव इंसान खा जाता है
रिश्तो के बीच में तो हूं मगर वीरान हूँ
आज मैं बहुत परेशान हूं, आज मैं बहुत परेशान हूं

सिक्कों की खनक में रिश्तो का धागा तोड़ दिया
नए रिश्ते क्या बने, इंसान ने अपनों को छोड़ दिया
पढ़े-लिखे जाहिलों को देखकर हैरान हूं
आज मैं बहुत परेशान हूं आज मैं बहुत परेशान हूं

जिंदगी में एक शाम जरूरी है

जिंदगी में एक शाम जरूरी है,
सफर लंबा है अभी, आराम जरूरी है

खैरात मे मयस्सर हो भी तो क्या मंजिल-ए-मकसूद
सफर का चर्चा सर-ए-आम जरूरी है

रूहानियत गुम है शिकन कैसा है ये,
लगता है तेरे हाथों में एक जाम जरूरी है,

सरकारें नहीं चलती किसी के गुमान पर,
वफा-ए-वतन मोहब्बत-ए-आवाम जरूरी है

इतना आसान नहीं है वतन से मोहब्बत करना भी,
शमशीर पे गर्दन, हथेली पे जान जरूरी है

दिल का दरिया रुख करे भी तो किस तरफ,
इसे तेरे कदमों के निशान जरूरी है

सिक्कों की खनक में बिका है सबका जमीर यहां,
चिराग का हवाओं से पहचान जरूरी है
हुनर का सिक्का बुलंदी खरीदने के लिए काफी नहीं,
तेवर में गुलामी, लबों पे सलाम जरूरी है

इस चमन की आबरू, हिफाजत-ए -हिंद के खातिर,
हाथों में मशालें और एक श्मशान जरूरी है

जिंदगी में एक शाम जरूरी है,
सफर लंबा है अभी, आराम जरूरी है

"शिक्षा एक पुस्तक के चार पन्नों तक सीमित नहीं है, जिस प्रकार सृष्टि अनंत है उसी प्रकार शिक्षा भी अनंत है। यह आप पर निर्भर करता है कि आप इतिहास पढ़ कर एक कागज की उपाधि प्राप्त करना चाहते हैं या जिज्ञासा के परिधि को विस्तृत कर स्वयं इतिहास बनना चाहते हैं।"

प्रभु-वंदन

संत कहे संसार में पग-पग कष्ट तमाम
सौ पीड़ा एक औषधि रघुनन्दन श्री राम

धन दौलत किस काम का सभी कष्ट के मूल
निज काया पीरा परि, जग जाएगा भूल

सुन्दर काया राखिये एकल जीवन सार
ध्यान धरो घनश्याम का करेंगे बेड़ा पार

अमरुद के एक डाल पर बैठे शुक बतलाये
हरी वंदन नित जो करे हरी में ही मिल जाए
ध्यान धरे जो आपका हो भवसागर पार
सखा सभी के आप ही कान्हा नन्द कुमार

ख्वाहिश

इस बेरंग ज़िंदगी में ख्वाहिश का एक रंग है बाकी ,
के फना हो कर किसी जन्म तेरा बन जाऊं
गर मंजूर-ए तकदीर ना हो तेरा होना ,
तो लहू बनकर तेरे लबों का रंग बन जाऊं ,

नादान दिल है मेरा धड़कने नादान है,
इश्क है भी तो खुदा से इस बात से अनजान है
तो क्या हुआ जो इश्क खुदा से हुआ इश्क तो पाक है ,
तू ही मुस्तफा मेरा तू ही अशफ़ाक़ है

हमसफर ना बन सकूं तो पागल हो जाऊं,
चल मंजूर है तेरा चश्म-ए-काजल बन जाऊं
जिन नजरों में ढूंढा खुद को उसके दरख़्तों पर तू बिठाए मुझे,
गुल-ए- गुलफाम बनकर संवरे तू चश्म में सजाए मुझे

तेरे हुस्न की कसक बनूँ दीवानों का आह बन जाऊं,
जो छलके अगर तेरे आंसू साथ मैं बह जाऊं
गुजरूं फिर तेरे लबों से लब-ए -दस्तक देकर ,
गुनगुना उठे तू ऐ जान मेरी कसक देखकर

बस यही ख्वाहिश है फ़नाया हो जाऊं ,
उतर जाऊं तेरे रगों में तेरा साया हो जाऊं, तेरा साया हो जाऊं

> " सीमा में रहोगे तो सीमित रह जाओगे । उठो , लक्ष्य केंद्रित बनो और अपने कल्पना रूपी पंखों को फैलाकर संघर्ष की उड़ान भरो। निश्चित ही अनंत स्वर्णिम क्षितिज के स्वर्णिम शिखर पर तुम्हारी विजय ध्वजा लहराएगी स्मरण रखना।"

गुफ़्तगू

गुफ़्तगू करना किसी के बारे में बुरी बात नहीं है ,
मगर हमसे नाम जोड़ोगे, तुम्हारी औकात नहीं है

माना की हमें ख़्वाबों में तुम रोज़ देखते हो ,
अरे! नादानी छोड़ो, ये कोई मुलाकात नहीं है ,

आँखें खोलो, देखो, ज़रा गौर करो ,
ये दिन है कोई रात नहीं है ,

अभी तो हमारी जिंदगी में बहारों का है मौसम ,
क्यों खौफजदा रहूं, कोई यास -ए-हालात नहीं है ,

पलकें खोलो, जागो होश में आ जाओ,
उम्र चौबीस की है तेरी कोई साठ नहीं है ,

लड़कपन में हो तुम, इसलिए बख्शता हूँ जाओ ,
माफ़ किया इस बार, छोडो कोई बात नहीं है

मैं गीत नया बन जाता हूं

बूंद-बूंद कर घटती जाती गगरी सांसो की पल-पल
मन का पंछी बना बैरागी हिम तारुण्य हुआ जल जल
हृदय पयोधि से स्मृतियों के मोती चुन कर लाता हूं
मैं गीत नया बन जाता हूं, मैं गीत नया बन जाता हूं

करुणा-दया-तप-त्याग क्षमा का मोल नहीं यहां कुछ भी
आह्लादित जो करे चित्त को बोल नहीं यहां कुछ भी
मानवता का बीज बने वो कविता चुन कर लाता हूं
मैं गीत नया बन जाता हूं, मैं गीत नया बन जाता हूं

इस मिट्टी का मोल रे बोलो कौन चुकाने जाएगा
शीर्ष पटल उत्तुंग शिखर पर विजय ध्वजा लहराएगा
हुंकार करेगा कौन लो 'मां' मै शीश कटाने आता हूँ
मैं गीत नया बन जाता हूं, मैं गीत नया बन जाता हूं

हे वीर धनुर्धर उठो प्रत्यंचा चढ़ा विजय टंकार करो
दमन तनुज का करो धरा का शोणित से श्रृंगार करो
तमस छा रहा रुको वीर! मै दीप जलाने आता हूँ
मैं गीत नया बन जाता हूं, मैं गीत नया बन जाता हूं

जिंदगी और मैं

उसकी मुस्कराहट एक राहत है
उसकी जुम्बिश में तहजीब है, तुम सोचते हो वो दूर है मुझसे
गौर से देखो बेहद करीब हैं

उसकी हर बात में एक बात है,
खुशनसीब हूँ जो उसका साथ है
हमारे रूह में कभी उतर के देखो,
वो मेरे ख्वाबों की आसमान दिल के कितने अजीज़ है

परी-खुदा-चाँद-तारा जाने वो क्या चीज है
ये कैसी दस्तक दी हैं उसने दिल पे, 'अच्युत' आज भी मरीज़ है

वो नहीं तो कुछ नहीं वो पास मेरे तो हर चीज़ है
हम तो बत्तमीज के नाम मशहूर हुआ करते थे
उनकी रहमत क्या हुई अब मुझमे भी तमीज हैं

खुदा जाने क्या नाम है उसका,
मेरी ज़िंदगी में जाने क्या काम है उसका
उसकी वजह से अब जीना चाहता हूँ
पीता तो नहीं मगर आज पीना चाहता हूँ

हमें हर कतरा हर शै बकवास लगता था
उसने होंठों से क्या लगाया, सूखी रोटी भी लज़ीज़ है

उसकी मुस्कराहट एक राहत है
उसकी जुम्बिश में तहजीब है तुम सोचते हो वो दूर है मुझसे
गौर से देखो बेहद करीब है

"आत्म योग्यता का मूल्यांकन किए बिना ही कह देना कि 'मैं कर सकता हूं' आपको साहसी नहीं अपितु मूर्ख परिलक्षित करता है।"

मोदी जी की बात सही है

धरा गगन तक बात यही है
लोगों में विश्वास यही है
सर्वोच्च शिखर पे होगा भारत
जन-जन की आवाज़ यही है

मोदी जी की बात सही है

स्वच्छ सुन्दर हो देश हमारा
सम्पूर्ण वसुधा में सबसे प्यारा
इसकी खातिर अब आगे आओ
धर्म-कर्म अभिमान यही है

मोदी जी की बात सही है

छुपकर देखो अब झाँक रहा है
दुश्मन थर्र-थर्र काँप रहा है
नजर उठा के देख अब
ये उसकी औकात नहीं है

मोदी जी की बात सही है

आओ मिलकर साथ चलें अब
सूरज को भी ढांक चले अब
उठो मुसाफिर नयी सुबह है
अब अंधियारी रात नहीं है

मोदी जी की बात सही है
मोदी जी की बात सही है

"किसी की परीक्षा लेने से पूर्व, आप स्वयं एक योग्य परीक्षक हैं या नहीं इसका परीक्षण अवश्य कर लें।"

वेदना

टपकते पसीने की बूंद हूँ रुमाल कहां हूं मैं
तुम्हारा अपना बन सकूं वह मिसाल कहां हूं मैं

ख्वाहिश मेरी भी थी के दिल में पनाह मिले
भटकूं तो रोके कोई वो आवाज मिले
साथ मै भी रहूं दोस्ती निभाने के लिए
हर मोड़ में जिंदगी के लहू बहाने के लिए
मगर अफसोस यह सोचना बेकार है
जिंदगी मतलबी है लोग बेजार हैं
अपने तकदीर पर मुझको रोना कैसा
जो मेरा कभी था ही नहीं उसे खोना कैसा
तुम्हें पाने की ख्वाहिश में निभाता चला गया
कैसे कहूँ मैं सब कुछ तुम पर लुटाता चला गया
जिंदगी के हर लम्हे मैंने तुम्हें तोहफे में दिए
मगर एक मोहब्बत का सहारा भी ना मिला
यह कैसी तकदीर थी मेरी मुझको आसरा ना मिला

अब मगर जरा संभलना चाहता हूं
और नहीं जिंदगी में पिघलना चाहता हूं
गुमां गलतफहमी में बदला किनारा हो गया
एक पल में मैं क्या गिरा बेसहारा हो गया
सहारा था ही नहीं नजरों का धोखा था
अजीब से लोग थे रिश्ता अनोखा था
अब मगर सुकून है मैं फिर से अकेला हूं
गुरूर है किसी के दिल से नहीं खेला हूं
खुदा संगदिल जमाने से अब मुझ को बचाए रखना
बस तेरी पनाह में रहूं रास्ता दिखाए रखना
किसी के दिल में उठूँगा वह सवाल कहां हूं मैं
किसी का अपना बन सकूं वह मिसाल कहां हूं मैं

टपकते पसीने की बूंद हूँ रुमाल कहां हूं मैं
तुम्हारा अपना बन सकूं वह मिसाल कहां हूं मैं

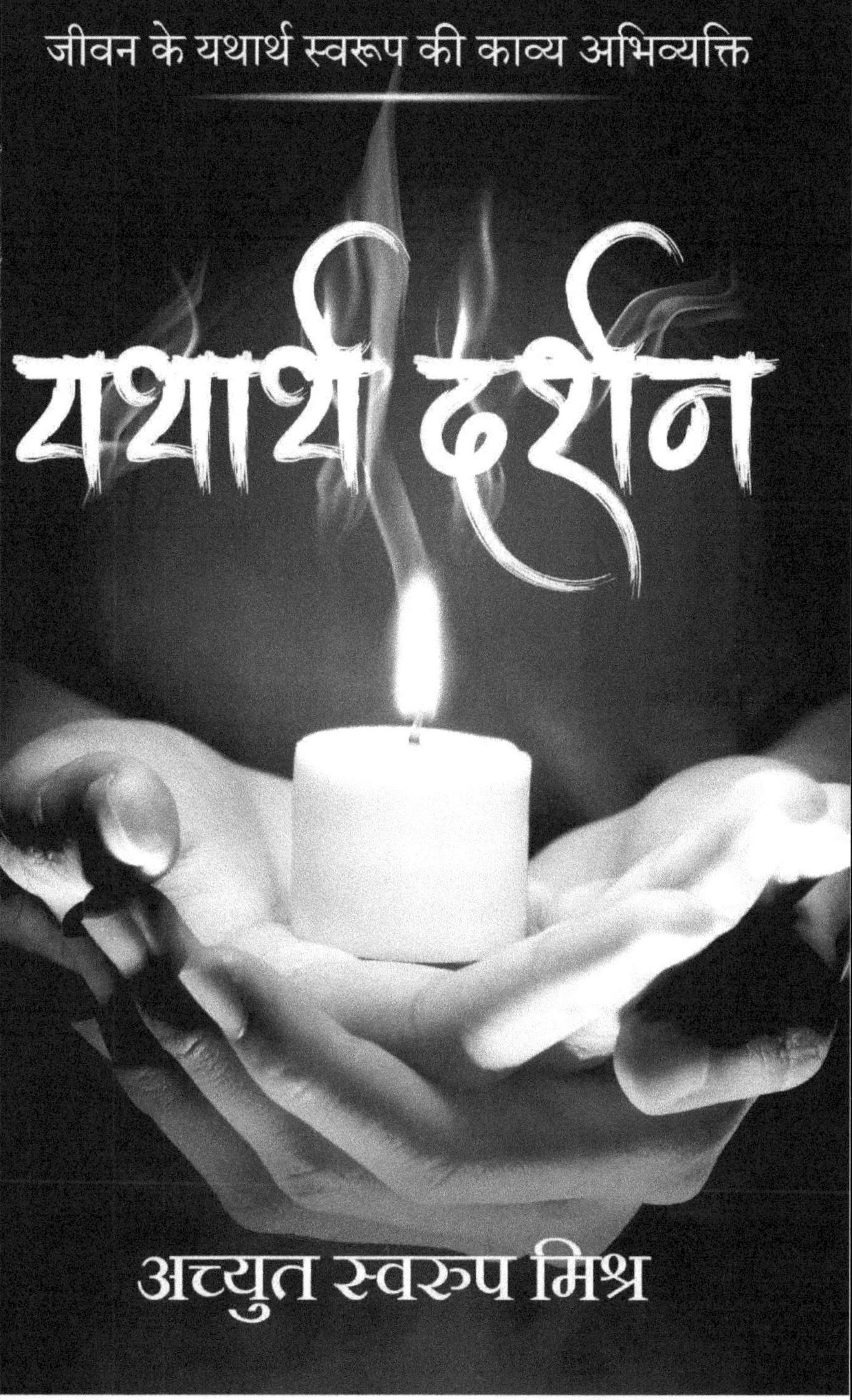

जीवन के यथार्थ स्वरूप की काव्य अभिव्यक्ति
यथार्थ दर्शन
अच्युत स्वरुप मिश्र

मैया मेरी अब झोली भर दे

मैया मेरी अब झोली भर दे
द्वार तेरे मै आया
ममता छाँव की आस में माता
दर पे तेरे आया

है अँधियारा जीवन मेरा राह दिखाओ माता
मै शरणागत तेरे दर पे दर्शन दे दो माता
मेरा ना कोई बस एक तू ही ओ मेरी वैष्णवी माता

मैया मेरी अब झोली भर दे
द्वार तेरे मै आया

सोना-चाँदी-हीरे-मोती कुछ भी पास नहीं है
नैया मेरी बीच भंवर में कोई आस नहीं है
पार लगा दे अम्बे रानी मै तेरे दर पे आया

मैया मेरी अब झोली भर दे
द्वार तेरे मै आया
ममता छाँव की आस में माता
दर पे तेरे आया द्वार तेरे मै आया
ममता छाँव की आस में माता
दर पे तेरे आया

"सहज ही किसी वस्तु अथवा विशेष को अद्वितीय या श्रेष्ठतम की संज्ञा देना आपके संकुचित सोच के परिधि को प्रदर्शित करता है । कृत्रिम संसार जहां एक ओर कमियों का खजाना है तो दूसरी ओर विकल्पों का एक विशाल सागर भी है , जहां हर दूसरा पहले से श्रेष्ठ है , इन्हें तलाशना ही एक आदर्श जीवन का मूल मंत्र है । जिस दिन आपने किसी को अद्वितीय मान लिया समझ लो आपने जीना छोड़ दिया।"

हम रुकेंगे अब तो नहीं

देखा है जहां में जाने कितने हज़ारों को
पर ऐसा कोई दूजा है कहाँ
अपनी अदा अलग है अपनी सदा अलग है
तारो का है अपना जहां
हम जाएंगे जहां पे छायेंगे है यकीं
हमे चलना है हम रुकेंगे अब तो नहीं

दुनिया को अब तो ये हमको बताना है
अपना हुनर अपनी प्रतिभा दिखाना है
जायँगे तारो के आगे इस जहां को ये बताने
हम जैसा है कोई भी नहीं
भारत देश है हमारा इस जहां में सबसे प्यारा
जन्नत ऐसा कहीं भी नहीं
अपना वतन अपना चमन है यही
मेरी जान भी , अपना मान भी है यही

देखा है जहां में जाने कितने हज़ारों को

अपनी उड़ान ऐसी दोनों जहां तक है
कैसे कहें मंजिल जाने कहाँ तक है
तूफानों से खेला हमने लहरों पे तैरा हमनें
रुकना तो सीखा ही नहीं
अपने इरादे ऐसे चलना है फौलादों जैसे
पीछे कभी देखा ही नहीं
जीत जायँगे हर जहां और हर ज़मीन
चाँद से आफताब तक हो हमीं

देखा है जहां में जाने कितने हज़ारों को
पर ऐसा कोई दूजा है कहाँ
अपनी अदा अलग है अपनी सदा अलग है
तारो का है अपना जहां
हम जाएंगे जहां पे छायेंगे है यकीं
हमे चलना है हम रुकेंगे अब तो नहीं

> "कर्मयोगी के शब्दकोश में 'मंजिल' नाम का कोई शब्द नहीं होता । हौसलों में बुलंदी और उड़ान में जान होनी चाहिए , हर मंजिल स्वयं एक पड़ाव प्रतीत होगी"

हम हैं भारत के बच्चे

बच्चे, हम हैं भारत के बच्चे (२)

तारों के आगे मुझे जाना है
जहां को दिखाना है
जो बात है कुछ हम में
वो सबको बताना है

बच्चे , हम हैं भारत के बच्चे (२)

मुझे पढ़ना है आगे बढ़ना है
बादलों से ऊपर मुझे उड़ना है
मुझे पढ़ना बढ़ना है मुश्किलों से लड़ना है
जीतने की चाह मुझको फिर काहे का डरना है

बच्चे , हम हैं भारत के बच्चे (२)

सारी दुनिया पे आसमानो पे हम
देखो छायेंगे फिर सारे जहां पे हम
पढ़ेंगे हम गाएंगे हम आगे बढ़ते जाएंगे हम
हो तिरंगा सबसे ऊँचा ऐसा कर दिखायेंगे हम

बच्चे, हम हैं भारत के बच्चे (२)

जीवन के यथार्थ स्वरूप की काव्य अभिव्यक्ति

यथार्थ दर्शन

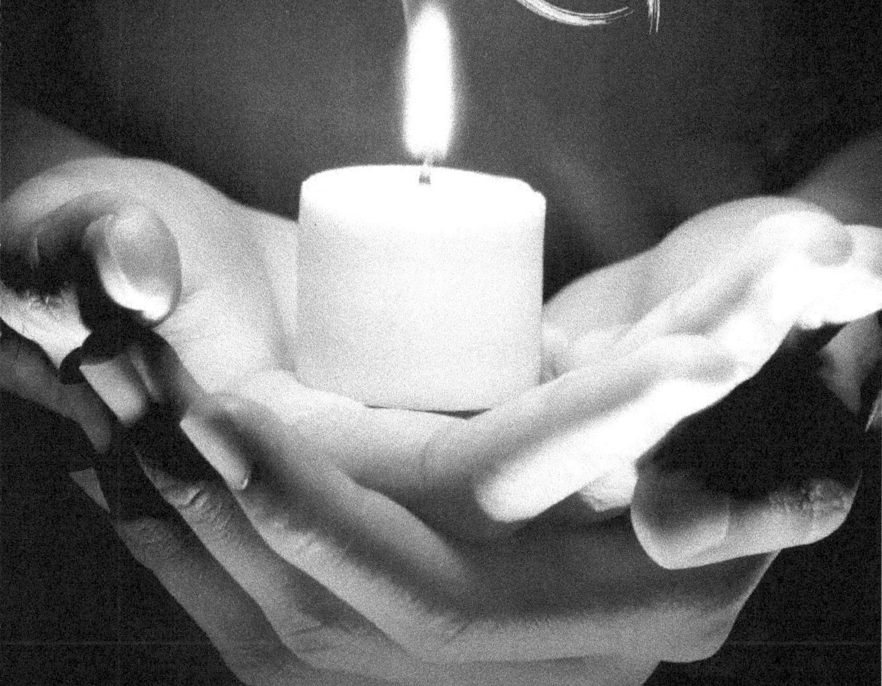

अच्युत स्वरुप मिश्र

है हमें विश्वास हम तो कर दिखायेंगे

है हमें विश्वास हम तो कर दिखायेंगे
इस ज़मीं से उस फलक तक हम ही छायँगे
रोक पाएगा हमे अब कौन सा तूफ़ान
हमनें अब जाना है अपनी एक नयी पहचान
चाँद पर अपना जहां हमने बसाया है
अपना प्यारा इंडिया ने ये सिखाया है
के अब बस हम पढ़ेंगे हम बनेंगे और बनाएंगे
सारी दुनिया को हुनर क्या है बताएंगे

के अब बस हम पढ़ेंगे हम बनेंगे और बनाएंगे
सारी दुनिया को हुनर क्या है बताएंगे

धुप हो या छाँव चलना हमनें सीखा है
मुश्किलों को धूल करना हमने सीखा है
हो सफर कैसा भी मंजिल हम तो पायंगे
दो जहां की हर फलक पर हम ही छायँगे
अपना प्यारा इंडिया का है यही सपना
सारी दुनिया पर तिरंगा छाएगा अपना (२)
छाएगा अपना, छाएगा अपना

है हमें विश्वास हम तो कर दिखाएंगे
इस ज़मीं से उस फलक तक हम ही छायँगे

कवि-परिचय

"यथार्थ दर्शन" के रचयिता अच्युत स्वरूप मिश्र का जन्म 1988 ई. में भारत देश के झारखंड राज्य स्थित हजारीबाग शहर में हुआ था। वर्तमान में श्री मिश्र झारखंड उच्च न्यायालय में बतौर अधिवक्ता कार्यरत हैं। इनकी प्रारंभिक शिक्षा मैट्रिक ऑक्सफोर्ड पब्लिक स्कूल रांची से एवं इंटरमीडिएट संत कोलंबस कॉलेज हजारीबाग से पूर्ण हुई। तत्पश्चात इन्होंने राजीव गांधी तकनीकी विश्वविद्यालय भोपाल मध्य प्रदेश से बैचलर ऑफ इंजीनियरिंग (मैकेनिकल इंजीनियरिंग) की उपाधि प्रथम श्रेणी में हासिल की, जिसके उपरांत श्री मिश्र भोपाल के निजी विनिर्माण कंपनी में बतौर अभियंता तत्पश्चात एक निजी शिक्षण संस्थान में मैकेनिकल इंजीनियरिंग विभाग के व्याख्याता के पद पर कार्यरत रहे। तत्पश्चात इन्होंने अन्नामलाई विश्वविद्यालय चेन्नई से एम.बी.ए की उपाधि प्रथम श्रेणी में हासिल की। शिक्षा के प्रति अटूट श्रद्धा रखने वाले श्री मिश्र ने तत्पश्चात विनोबा भावे विश्वविद्यालय हजारीबाग से विधि स्नातक (एल.एल.बी) की उपाधि प्रथम श्रेणी में हासिल करने के पश्चात विधि स्नातकोत्तर एल.एल. एम. (आपराधिक और सुरक्षा कानून) की उपाधि भी प्रथम श्रेणी में माधव यूनिवर्सिटी राजस्थान से प्राप्त किया।

श्री मिश्र के पिता स्वर्गीय प्रोफेसर डॉ वीरेंद्र कुमार मिश्रा प्रारंभ में संत कोलंबा महाविद्यालय हजारीबाग के संस्कृत विभाग के विभागाध्यक्ष पद पर कार्यरत रहे तत्पश्चात विनोबा भावे विश्वविद्यालय हजारीबाग में

स्नातकोत्तर संस्कृत विभाग के विभागाध्यक्ष पद से सेवानिवृत्त हुए। श्री मिश्र का जीवन में हिंदी साहित्य के प्रति रुझान एवं प्रेम का मुख्य कारण उनके पिता का स्नेह एवं आशीर्वाद ही रहा।

श्री मिश्र की माता आशा मिश्र कृषि विभाग झारखंड सरकार से सेवानिवृत्त हैं, जिन्हें श्री मिश्र अपने जीवन का एक परम प्रेरणा स्रोत मानते हैं। बहुमुखी प्रतिभा के धनी श्री मिश्र लेखनी के अलावा संगीत , खेलकूद एवं ज्योतिष शास्त्र में भी काफी रुचि रखते हैं। अपने उत्कृष्ट संवाद कुशलता एवं अद्भुत अभिव्यक्ति की शैली के फल स्वरुप श्री मिश्र अपने जीवन काल में भाषण , वाद-विवाद एवं कविता पाठ प्रतियोगिताओं में विजयी भी रहे हैं।

"यथार्थ दर्शन " श्री मिश्र की पहली पुस्तक है जिसमे उन्होंने मानव मूल्यों, राष्ट्र-प्रेम , जीवन एवं रिश्तों के यथार्थ पर विशेष प्रकाश डाला है। एक अधिवक्ता का हिंदी काव्य के प्रति अकूट प्रेम एवं श्रद्धा स्वयं में अद्भुत एवं असाधारण है। इस पर श्री मिश्र कहते हैं :

"मुश्तक-ए-दीदार हूँ मुख़्तलिफ़ रास्ते मंजूर है मुझे

ऐ मंज़िल मेरे शिद्दत , वस्ल- ओ- फितूर से वाकिफ ही कहाँ "

"यथार्थ दर्शन" में रचित कविताएं कवि का राष्ट्र के प्रति अपरिमित प्रेम और अनुराग को भी परिलक्षित करता है। अपनी मातृभूमि भारत देश के प्रति अपनी आस्था प्रकट करते हुए कवि श्री अच्युत स्वरुप मिश्र लिखते हैं :

" मेरे जीवन के हर एक सांस में हो तुम मेरे भारत

मचा हुंकार है ब्रह्माण्ड में 'भारत की जय', भारत

बढ़ाया हाथ जो तुमने बचाने को धारा की आन

तुम्हे ब्रह्मा तुम ही विष्णु तुम ही शंकर मेरे भारत "

कवि का यह दृष्टिकोण है की "यथार्थ दर्शन" की प्रत्येक रचनायें पाठकों के ह्रदय को स्पर्श करेंगी एवं उनका स्नेह और प्रेम प्रेरणाश्रोत बनकर कवि को प्राप्त होगा, जिसके फलस्वरूप कवि पुनः अपने अन्य स्वरचित रचनाओं के साथ आप सभी के मध्य उपस्थित हो सके।

www.ingramcontent.com/pod-product-compliance
Lightning Source LLC
LaVergne TN
LVHW061558070526
838199LV00077B/7093
9789356211445